삶은 희망입니다

石松 이명선

사위가 선물이다

이명선

『책머리에』

티 없이 맑은 시조혼(時調魂)과
천진한 동심(童心)의 세계

霱溪 이도현
(현대시조 자문위원)

1.

石松 이명선 시인이 첫 시조집 〈사위가 선물이다〉를 상재한다. 시인은 2023년 제1시집 〈바위틈에 핀 꽃〉, 2024년 제2시집 〈괜찮니?〉에 이어 이번에는 첫 시조집 〈사위가 선물이다〉를 세상에 내놓는다.
축하를 드린다.

시인과 필자와의 만남은 목요문학회에서 주관하는 시조 특강에서 시작한다. 일 년 남짓 공부했을까? 시인은 남다른 열정과 집요한 탐구심으로 시조의 입문 과정을 마치고 시조시단에 등단하였으니 영광스럽지 아니한가.

 시조(時調)는 시의 꽃이다. 멀리 신라 시대 향가에서 연유하여 고려말에 그 시형이 정착되고 조선 5백 년 꽃이 피고 오늘에 이르기까지 연면히 이어오는 우리 가락이요. 겨레 시이다. 그러기에 백의민족 혼이 서리고 맥박이 뛰는 천년을 이어오는 고유한 정형시이다.

 3장 6구 12소절의 독특한 정형(定型)을 갖춘 우리 전통 가락이기에 더욱 소중하다. 때를 같이하여 이명선 시인이 시조 시단에 동참하여 함께 시조의 씨를 뿌리고 시조 텃밭을 경작하게 되었으니 경하할 일이다. 다시 한번 축하를 드린다.

 이번 시조집은 80편을 4부로 나누어 구성하고 있다.
 제1부 〈보문산 숲〉에서는 자연과의 교감과 계절의 감각을 제2부 〈사위가 선물이다〉 에선 가족 사랑과 문화의 융성, 국가발전을 기원하는 작품을, 제3부 〈보문산 숲〉에선 동시조 작품을, 세4부 〈함께 가는 길〉에선 신앙 시소 편으로 하나님 섬김과 사역과 봉사의 작품을 수록하고 있다.
 이명선의 작품은 대체로 동심(童心)에서 출발한다. 한편

한편이 티 없이 맑고 천진무구(天眞無垢)하다. 천의무봉(天衣無縫), 어디 꾸민 데가 한군데나 있는가? 가족 사랑이 지극하며 신앙인으로서의 섬김과 사역의 자세 그리고 절대 긍정, 절대 감사의 신념으로 하루하루 기도하며 생활하고 이를 작품화한다.

2.

   보문산 나무숲은
   인자한 궁궐 숲

   언제나 큰 웃음으로
   우리를 맞아주고

   포근한 너른 가슴으로
   손을 들고 반겨 주네.

   까치도 재워주고
   다람쥐도 품어 주고

   춘하추동 사계절

고운 맵시를 보아

낙엽이 춤을 추누나
가을인가 물이 드네.

― <보문산 숲> 전문

〈보문산 숲〉 전문이다. 두 수로 구성한 연시조이다. 첫수에서는 보문산을 인자한 궁궐 숲으로 의인화하여 큰 웃음으로 우리를 맞아주고 너른 가슴으로 손을 들고 반겨 준다. 하고, 둘째 수에서는 까치도 재워주고 다람쥐도 품어 주며 낙엽이 춤을 추면서 가을로 물이 든다고 하였다.

말없이 서 있는 보문산을 인자한 궁궐 숲으로 의인화하여 우리를 품에 끌어안는 너른 가슴으로 환치한 은유며, 뚝뚝 떨어지는 쓸쓸한 낙엽을 춤을 추는 가을로 미화시킨 역설적 기법이 돋보인다.

까치도 재워주고 다람쥐도 품어 주는 생명력이 넘치는 넉넉한 보문산 숲 가을 징경이나.

참으로 티 없이 맑고 넉넉한 시인의 심성이 숲에 물든 가작이다.

나이 들어 어쩌나 사위가 선물이다.
큰 사위 컴퓨터요, 둘째는 식기 세척기
막내는 자동차 정비
내가 할 일 무엇인가?

작품은 컴퓨터가 머리 대신 쓰고요
설거진 세척기가 그냥 두라 하네요
오늘은 자동차 몰고
나들이나 해볼까.

여기는 계룡 산장 새소리 그윽하고
가끔은 황산벌 풍년가를 듣네요
여봐요! 사위님네들
감사하고 고맙소.

-<사위가 선물이다> 전문

  시조집 제목으로 내세운 〈사위가 선물이다〉 전문이다. 제목부터 기발하다. 사위가 선물이라니
 시인은 사위가 셋이란다. 큰사위는 컴퓨터를, 둘째는 식기 세척기를 선물하고 셋째는 시인이 운행하는 자동차 정

비를 맡는다. 그러니 글은 컴퓨터가 쓰고, 설거지는 세척기가 하고, 자동차 정비는 막내가 담당하니 시인은 할 일이 없다. 계룡산장이나 견학하고 황산벌 기름진 옥토를 유람하면서 풍년가를 읊는다. 얼마나 멋진 그러면서 행복한 작가 생활인가? 부럽기만 하다.

 화목한 가정을 소재로 하여 시조를 세 수로 마치 동화처럼 재미있게 구성한 솜씨가 중견 시인의 반열에 오른다. 글은 구성과 표현에 따라 그 당락이 결정된다. 잘 짜여진 구성과 그것을 알맞은 시어로 표현할 때 감동을 준다.

 한 사물을 표현할 때 가장 알맞은 단어는 하나밖에 없다는 플로베르의 일물일어설(一物一語說)이 말하듯 이 작품은 소재 선정에서 구성 그리고 표현에 이르기까지 성공한 작품이다.
 현대사회를 가정 위기, 가정해체 시대라고 걱정들 하고 있지만 이 시인은 이러한 위기의 가정을 행복한 가정으로 복원하는 행복 전도사임에 틀림이 없다.

 (가)

졸졸졸 노랫소리
잠자던 송사리

깨어나 얼굴 씻네
웅성거리는 소리

버들잎
치카치카 하고
청개구리 그네 탄다.

　　　　　　　　　　－<시냇물> 첫수

(나)

배냇저고리 25년
젖비린내 향 내음

강보로 싸인 고이봄*
꿈나무로 자라다오

어여쁜
맑은 눈동자

세상을 밝혀다오

*증손자 이름
-〈증손자 태어났다〉 전문

작품 가)는 동시조 〈시냇물〉의 첫수요 작품 (나)는 〈증손자 태어났다〉 전문이다.

동시조(童時調)는 동시(童詩)에서 출발한다. 어린이의 감성과 일상을 시조의 형식에 접목하여 어린이의 감각과 창의력을 키우는 데 효과적이다.

시인은 시조집 3부를 동시조 작품으로 묶고 제4부에서는 사설시조 3편을 수록하고 있다. 조선 시대 서민층을 대표하는 사설시조 영역까지를 연구하고자 함이 아닐까.

작품〈시냇물〉에선 송사리가 잠자다 깨어 노래하고 세수하며 버들잎이 치카치카 하고 청개구리가 그네 탄다고 아침 시냇물의 정경을 재미있게 어린이 감각으로 묘사한다. 연만한 시인이 어린 시절 동심으로 돌아간 티 없이 맑은 순수서정을 본다.

작품 〈증손자 태어났다〉에선 손녀가 결혼하여 25년 만에 아기를 분만했다. 증손이 태어난 기쁨을 배냇저고리로 환유하면서 강보에 싸인 고이봄을 꿈나무로 자라 달라고 기원하고, 맑은 눈동자로 성장하여 세상을 밝히는 등불이 되어 달라고 기도한다.

  할머니의 증손자에 대한 간절한 미래의 바람과 뜨거운 사랑이 담긴 작품이다.

(가)

먼 곳에 계셨는데
눈앞에 계시며

뒤에 계셨는데
내 앞에 계십니다

언제나
혼자 두지 않네요
외롭지 않아 기뻐요.

길을 잃고 헤맬 때
밝은 빛 비춰 주시고

사막길 걸어갈 때

구름으로 덮어 주시네

둘이서

함께 가는 길은

평안해서 기뻐요.

     -〈함께 가는 길〉 전문

(나)

멀고 먼 태국 땅 방콕에서 다섯 시간 거리

안다만*신학교에서 눈물 어린 설교를 했다.

눈물 반 간증 반의 설교

나도 울고 신도들도 울었다.

     -〈태국 땅을 울린 설교〉 첫수

 이명선 시인은 목회자요 사역자이다. 하나님의 딸이요, 종이다. 교회현장에서 설교하고 봉사하며 워십한다. 가끔은 군부대, 교도소까지 위문하고 봉사한다.

 작품 〈함께 가는 길〉에선 주님과 동행하고 사역하는 신앙인의 기쁨을 노래하고, 작품 〈태국 땅을 울린 설교〉에서는 이역만리 태국 땅 '안다만' 신학교 강사로 초빙받아 신학생들에게 설교와 간증으로 감동을 주는 장면이다.

3.

 石松 이명선 시인은 목사요. 시인이며. 찬무가이다. 일찍이 중부장로교회를 설립하고 목사로 임직하였으며 은퇴 후에도 군부대. 교도소 등을 위문한다
 문단 경력은 짧은 편이나 목요 문학에서 시와 수필. 시조로 등단하고. 현재 한국문인협회 중앙회원. 대전문인협회 회원. 대전펜문학회 회원. 가람문학회 회원. 목요문학회 부회장으로 활약하고 있다.

 이명선 시인의 시조는 동심에서 출발한다. 그러기에 그의 언어는 쉽고 참신하며 밝고 음악성이 진하다.
 생명의 신비. 사물에 대한 경이감. 천진난만한 꿈과 그리움이 묻어있다. 때로는 지성과 감성에서 영성을 찾는 종교적 안목을 갖는다.
 부디 시조를 더욱 갈고닦아 꽃으로 활짝 펴기를 충심으로 기원드린다.

2025년 8월 복날에

초록마을에서 霽溪 이도현

[차 례]

02 책머리에_ 이도현(현대시조자문위원)

/1부/ 보문산 숲

024　아침 산책길에서
026　경칩일기(1)
027　경칩(驚蟄)일기(2)
028　보문산 숲
029　 코스모스 꽃잎 편지
030　잊지 못할 채석강
032　보길도에서
034　보배섬 진도
036　민들레(1)
038　민들레(2)

[차 례]

039 식물원 꽃길
040 보문산 봄빛
042 여름바다
044 조개 캐는 아낙네
045 채석강
046 바닷물 먹고사는 소나무
047 보문산 꽃단지
048 가을의 소리
049 낙엽
050 나목

[차례]

/2부/ 사위가 선물이다

052　아버지의 시조창
054　엄마의 장날
055　사위가 선물이다
056　아들이 기둥이다
057　가슴이 울리네(우계 선생 시조강의에)
058　상머슴 중머슴
059　학 한 쌍
060　견우와 직녀
061　감 따기
062　희망의 새 나라

[차례]

063 희망을 갖자
064 보릿고개 한마당
065 새날의 빛
066 청와대
067 텅 빈 교정
068 소망
069 설날
070 새벽 별
071 별자리
072 맹자삼락(孟子三樂)

[차 례]

/3부/ 시냇물

074 가랑잎
075 시조 짓기
076 시냇물
078 해바라기
079 증손자 태어났다
080 증손자 돌잔치
081 시를 쓰는 눈사람
082 쥐불놀이
083 싸락눈
084 색동저고리

[차례]

085 매미
086 말타기
087 등교 길에서
088 대보름 윷놀이
090 널뛰기(1)
091 널뛰기(2)
092 언니의 붓질
093 눈사람
094 시어머니
096 광대놀이

[차례]

/4부/ *함께 가는 길*

098　고통속에서 만난 빛
100　태국땅을 울린 설교
101　함께 가는 길
102　하루의 시작 - 고후 6:11-13
104　지팡이 - 민수기 17:8-10
105　욥의 인내
106　영으로 사세요
107　야곱 집
108　아담 동산
109　소나기

[차 례]

110 무제
111 꺾여진 한 송이 꽃
112 깨어라
113 그림자
114 국화꽃
116 등불
117 꽃술과 벌
118 〈사설시조〉 은하수를 누가 만들었나요?
119 〈사설시조〉 가화만사성(家和萬事成)
120 〈사설시조〉 폭염경보
121 격려사 _유선 이옥자
123 축사 〈시조집 발산을 축하드리며〉_박헌주
125 후기 〈시조집을 발간하면서〉_石松 이명선

제1부

보문산 숲

아침 산책길에서

아침이슬 밟으며
농소로 걷는 길

뻐꾸기, 크낙새
날 보고 노래해요

흥겨워
함께 조아리며
산책길은 즐거워.

논둑길 들어서니
두꺼비가 반긴다

산바람 내려오니
오장육부 시원하다

아침 해

구름을 가르고

희망을 안겨주네.

경칩 일기(1)

경칩이 지나가고
하늘이 맑아진단다

꽁꽁 언 땅이
시나브로 풀린단다

움추린
개구리 한 쌍
언 정국을
깬단다.

경칩(驚蟄) 일기(2)

꽁꽁 언 땅속에서
어떻게 나왔나요

춘풍(春風) 봄바람에
웃으면서 나왔소

봄 햇살
머리에 이고
깜짝 놀라
깼다오.

보문산 숲

보문산 나무숲은
인자한 궁궐 숲

언제나 큰 웃음으로
우리를 맞아주고

포근한 너른 가슴으로
손을 들고 반겨주네.

까치도 재워주고
다람쥐도 품어주고

춘하추동 사계절
고운 맵시를 보아

낙엽이 춤을 추누나
가을인가 물이 드네.

코스모스 꽃잎 편지

만년교 다리 밑에서
비단조개 잡던 그 날

내가 풍덩 빠졌을 때
첨벙 뛰어들었지

가슴이 두근거렸지
내 손을 덥석 잡았지.

코스모스 한 잎 따서
머리에 꽂아 주던 님

손잡고 바라보고
웃고 또 깔깔대고

그것이 첫사랑이었나 봐
보고 싶네, 지금 어디.

잊지 못할 채석강

겨울 바다 채석강
변산반도 예 왔네

겹겹이 싸인 책장
켜켜이 놓인 떡시루

계단을
오르다 삐끗
팔짱 낀 그림자.

놓칠세라 덥석 잡은
그대 손목이여

신이 내린 은총인가?
운명의 만남인가

새 행복

싹이 튼 시간

잊지 못할 채석강.

보길도에서

자동차 배에 싣고
보길도 섬에 왔네

아담한 섬마을
고산 선생 뵙네요

돌비에 새겨진 역작(力作)
어부사시사* 연시조.

낮에는 고기 잡고
밤에는 시조 쓰고

풍월(風月)을 읊으면서
시름을 달랜 세월

오호라 뜻을 이루신
시조 문학 산실이여.

* 어부사시사(漁父四時詞): 고산 윤선도 선생이 보길도에 은거하면서 춘하추동 4계절을 각각 10수씩 총 40수로 지은 연시조.

보배 섬 진도

우람한 진도대교
울돌목을 옆에 끼고

지친 줄 모르고
다섯 시간 달려왔네

여기가
한반도 땅끝
뽕할머니* 내가 왔소

멀리 푸른 바다
점점이 섬이로세

아련한 바닷길
홍해처럼 갈라지고

구성진

진도아리랑

민족혼을 달래오.

* 진도 신비의 바닷길에 세운 할머니 상.

민들레(1)

갈기갈기 찢겨 진 잎
돌 틈 속에서도

인내하며 이겨낸
욥의 인내처럼

어여쁜
한 송이 꽃이
길손들 웃음 주네.

눈물빵 먹어 보았나
상처는 이슬로 씻고

지금도 흩어진 홀씨
엄마 어디 있소

혼자서
이겨낸 민들레
그 의지 대견하네요.

민들레(2)

겨우내 얼어붙은
동토. 땅을 열고

밟히고 짓눌려도
일어선 민들레야

먼 하늘
훨훨 날아서
파란 꿈을 펼쳐라.

식물원 꽃길

영롱한 식물원 꽃길
얄밉게 수 놓았네

천연색 빛을 받아
꽃길은 황홀하네

영특한
저 솜씨를 봐라
하늘의
지혜로다.

보문산 봄빛

아카시아 꽃향기에
숲속은 취해 가네

다람쥐 눈알 굴리고
숨을 곳을 찾는구나

빛나는
꼬리긴 새가
잿빛 날개를 펴고.

보슬비 머리 적시니
푸른 잎이 가려주네

높고 깊은 보문산 숲
새들의 보금자리

촉촉히
내리는 봄비
향기여 날 부르네.

여름 바다

여름, 넓은 바다
속 깊은 문을 열고

고래를 품어주며
눈물도 닦아주고

나뭇잎
씻어 주려고
큰 팔을 벌리면서

여객선 안아주고
등대불 바라보며

금모래 밝은 빛이
햇빛에 반사되어

영롱한

소녀의 눈빛

아롱아롱 비춰네.

조개 캐는 아낙네

끝없이 너른 갯벌
발자국을 심으며

호미와 소쿠리로
보석을 캐는 여인

한 웅큼
움켜쥔 기쁨
무엇에다 비기랴.

밀물 썰물 교차하는
바다의 섭리 따라

굽었다 펴는 허리
아픔도 잊은 채로

아, 오늘 소쿠리 가득
환희 안고 돌아가네.

채석강

변산반도
채석강
떡시루 안쳤는가?

켜켜이 쌓여있는
천년의
파도 소리

갈매기
끼룩끼룩 날고
이태백은
어딜 갔나.

바닷물 먹고사는 소나무

만리포 긴긴밤
갈매기 떼 끼룩끼룩

우뚝 솟은 돌섬 바위
목이 멘 소나무여

누구를
기다리는가
까만 바다
파수병.

보문산 꽃단지

시월
보문산 허리
식물원 꽃단지

꽃잎은 시들어 가고
벌 나비만 남아있네

예쁘던
꽃잎파리가
가을비에
젖는다.

가을의 소리

어느덧 시월이네
세월은 수레바퀴

바람의 날개로
하늘은 물들고

단풍잎
하나씩 둘씩
지상에 낙하한다.

가을 산 만산홍엽
새 옷을 갈아입고

귀뚜라미 귀뚤귀뚤
섬돌 아래 노래하며

가을은
대추빛으로
토실토실 영근다.

낙엽

깊은 산 계곡에도
가을이 오나 보다

뚝뚝 떨어지는
우수(憂愁)의 만산홍엽

나그네
다홍치마 걸치고
나락으로
지는가.

나목

나무는
옷이 없나
속살까지 보이네

찬바람에 벌거숭이
꽁꽁 얼었다가

봄 되자
눈을 뜨면서
옷을 바꿔
입네요.

제2부

사위가 선물이다

아버지의 시조창

달 밝은 밤이 들면
떠오르는 아버지

"청산리 벽계수야
쉬이 감을 자랑 마라"*

평상에
홀로 앉아서
옛시조 읊는 소리.

당산나무 그늘에
도포 자락 날리며

장구 치고 춤도 추고
율(律)도 고르시며

지금쯤
하늘나라에서
나를 보고 계실까.

* 황진이 시조 "청산리 벽계수야" 인용구절

엄마의 장날

부안 읍내 장날이면
엄마는 장에 가신다

머슴 바지개에
쌀 한 말 지고 간다

때로는
나도 지개에 타고
장 구경 함께 간다.

갈치, 조기, 미역 다시마
멸치, 조개, 동태도 사고

고사리, 취나물로
서로가 물물교환

오일장
저녁 밥상엔
온 가족이 웃는다.

사위가 선물이다

나이 들어 어쩌나 사위가 선물이다.
큰사위 컴퓨터요, 둘째는 식기세척기
막내는 자동차 정비
내가 할 일 무엇인가.

작품은 컴퓨터가 머리 대신 쓰고요
설거진 세척기가 그냥 두라 하네요
오늘은 자동차 몰고
나들이나 해볼까.

여기는 계룡 산장 새소리 그윽하고
가끔은 황산벌 풍년가를 듣네요
여봐요! 사위님네들
감사하고 고맙소.

아들이 기둥이다

하나밖에 없는 아들이 기둥이다
멀리 떨어져서 바쁘게 사는 아들
가끔은
에미한테 와서
집안일을 돌본다.

창틀 먼지도 털고 청소기도 돌리며
하수구도 뚫어 놓고 물길을 돌린다
모처럼
아들을 위한 식탁
"갈비찜이 맛있어요"

병약한 어린 시절 눈물 어린 기도로
구사일생 죽음 앞에서 영생을 맛본 아들
아, 고놈!
손주도 보고
미래가 장하여라.

가슴이 울리네 - 우계 선생 시조 강의에 -

지혜와 총명으로
베푸신 시조 강의

시조의 멋과 맛
조금은 알 듯싶네

마음속
무딘 시전(詩田)에
새싹이 돋습니다.

따사로운 햇살처럼
시심(詩心)도 솟아나고

훨훨 날을 듯이
시조 작법 풀립니다

남은 생
건행(健幸)을 주옵소서
두 손 모아 빕니다.

상머슴 중머슴

뒷 논에 김매러
소 구르마 타고 갔다

풀 베어 놓은 둑에
곤하여 잠들었나

상머슴
안쓰러운지
등에 업어 재웠단다.

중머슴 종아리에
금자리 붙어있네

깔 한 짐 싣고
땅거미 몰고 가자

송아지
음매 하더니
엄마소 앞에 가네.

학 한 쌍

어떻게 만났나요
꿈만 같은 오늘

먼먼 구만리 장천
천의 날개 저으며

학 한 쌍
멋지게 날아와
복된 둥지
틀었다오.

견우와 직녀

울긋불긋 나뭇잎 아삭아삭 밟으며
눈 맞추며 기쁨 품고 대화하며 사랑 품고

손잡고
걷는 이 길이
축복받는 길이라오.

이날을 기다리며 그렇게도 애썼나요
둥근달 바라보며 달에게도 물어보고

이제는
어느 누구도
우리 칭찬할 거예요

견우와 직녀는 외로운길 걸었으니
쏟아지는 눈물과 비 이젠 우리 행복해요

우리둘
다시 만났으니
웃음꽃 피워봐요.

감 따기

입동이 지나서야
텃밭의 감을 땄다

맨 처음 딴 감은
감사의 몫이요

두 번째 따낸 홍시는
가족의 몫이였다.

아버지가 심은 감나무
살피지도 안 했지만

해마다 주시는 열매
고마움을 어이하리

가지 끝 높이 달린 만나
까치 몫으로 남겼다.

희망의 새 나라

산천이 푸르구나
바람이 출렁인다

민초(民草)들 설레이고
구름 한 점 없는 하늘

여봐라
새싹이 일어서고
가지는 팔 벌리네.

멋있는 대한민국
저 품을 보아라

한라에서 백두까지
샘솟는 저 위용(偉容)을

환희여
눈물도 그렁그렁
이 강산에 넘친다.

희망을 갖자

어느새 예까지 왔나
긴긴 여정이었구나

허리도 굽어지고
걸음도 느려지네

지팡이
늙음의 상징
나도 언제 짚을까?

저 고목을 보아라
싹이 나와 기뻐 웃네

팔십 고개라니
세월이 참 빠르구나

꽃잎이
벙그는 그 날
새와 함께 노래하리.

보릿고개 한마당

맨손 바닥으로
풀씨 따다 빻아서

흉년 든 보릿고개
어른들의 지혜로다

풋보리
초근목피로
양식 삶아 배 불렸네.

새 일꾼 바로 세워
세계로 문을 열고

농부들 수입 늘려
보릿고개 넘기고서

새마음
새마을 노래
발전해온 대한민국.

새날의 빛

기다리고 기다리던
햇빛을 보았어요

어둠이 지나가고
세상이 환해지니

활기찬
도시 새날에
밝은 해가
두둥실.

청와대

오 백년 왕정 시대
맑고 환한 궁전에

회오리바람 이겨내
청사(靑史)를 지켜왔다.

하늘은 구름 한 점 없고
웅장한 궁궐 속.

북악산 병풍 두르고
장안을 복주는가

쓰라린 지난날들
연못 속에 묻어놓고

새 하늘 달빛 받아서
저녁노을 고와라.

텅 빈 교정

동진강 굽이 흘러
기름진 부안 땅

어린싹 꿈을 키운
상아탑 종소리야

그 울림
세월을 타고
귓전에만 울리네.

영자, 인백, 연홍
꿈을 심던 친구들

지금쯤 어디선가
한세상 세웠겠지

정든 탑
정든 교정엔
나무숲만 무성하다.

소망

오늘의 스승으로
모시는 작은 소망

더 크신 사랑으로
감미로운 맛을 내네

우러러
손을 잡고서
더 큰 것 바라봐요.

설날

당산나무 밑에서
그네 매어 띄우고

광대들은 모여들어
하늘을 나르네

각설이
다들 모여서
흥겨워서 춤추고.

동동주 한잔에
덩실덩실 어깨춤

나이 자랑 백세시대
건강하게 살아요

어느새
땅거미 깔리고
별빛들이 수놓네.

새벽 별

새벽종 울리네요
간밤에 이슬이요

은방울 울리듯이
오늘의 첫 시간도

촉촉한
눈빛으로써
하늘의 힘을 빌려.

우수수 떨어지듯
새벽녘 별빛들

하늘의 수를 놓고
온 세상 황홀하네

새벽 별
찬란한 빛이
눈망울 적신다오.

별자리

구름은 바람 타고
주위를 경계한다

조국을 지키려는
젊음이 타는 가슴

불기둥
구름 기둥으로
조국을 지키는 함성.

벚꽃은 봄을 불러
향기를 떨치고

달빛은 침묵으로
해안을 지키는가

보소서
중전하는 사기
파도 소리 드높다.

* 32사단 98 여단을 위문하고.

맹자삼락(孟子三樂)

하늘을 우러러
부끄러움 한 점 없고

부모 형제 살아 계시고
제자는 슬기롭고

세 가지
모두 갖추었으니
맹자의 기쁨이라.

제3부

시냇물

가랑잎

가랑잎이 시를 쓰네
사악사악 시를 쓰네

소리 내어 시를 읽네
바삭바삭 시를 읽네

아파도
뒹굴며 시를 쓰네
기뻐하며 시를 읽네.

시조 짓기

겨울에도 칼바람이
시를 쓰나 봅니다

윙윙 윙
칼바람이
시를 쓰고 읽네요

형식은
3장 6구 12소절
멋과 맛의
현대시조.

시냇물

졸졸졸 노랫소리
잠자던 송사리

깨어나 얼굴 씻네
웅성거리는 소리

버들잎
치카치카 하고
청개구리 그네 탄다.

흔들리는 풀잎은
송사리 숨겨주니

검은 구름 속에서
달빛이 비추어준다

물속에
달이 풍덩 빠졌네
시원해서 좋겠다.

해바라기

무엇이 부끄러워
머리를 숙이는가

활짝 핀 해바라기
얼굴이 곰보라서

구름 속 갇히지 말고
광활한 하늘 좀 봐.

넓은들 황금 이삭
새들을 먹여주고

메뚜기 벌레들도
모두를 품어주네

머리를 들어 보아라
황금 모자 멋쟁이.

증손자 태어났다

배냇저고리 25년
젖비린내 향 내음

강보로 싸인 고이봄*
꿈나무로 자라다오.

어여쁜
맑은 눈동자
세상을 밝혀다오.

＊ 증손자 이름

증손자 돌잔치

오늘이 첫돌이네
어느새 자랐구나

떡 들고 아장아장
온 가족 왁자지껄

넘어져 울지 않네요
툭툭 털고 일어나.

할머니 떡 한 줌
이모 고모 떡 한 줌

활짝 핀 연산홍
고이봄*을 축복하고

돗자리 엎드린 채로
책 보며 종알종알.

* 증손자 이름

시를 쓰는 눈사람

뽀드득 뽀드득
눈사람이 시를 쓰네

순이도 옆에 앉아
시를 쓰고 있네요

정답게
모여 앉아서
시를 읽고 있어요.

쥐불놀이

깡통 불 획획 저어
쥐불놀이 하였네

얼음판 눈 속에서
달집을 태우려다

볏짚단
이삭을 태워
울면서
뉘우쳤네.

싸락눈

싸락싸락 싸락눈이
시를 쓰고 있네요

유리창 때리더니
시를 다 썼나 봐요

참새가
날아들면서 짹짹
시 낭송을 하네요.

색동저고리

호롱불에 깜빡 졸며
밤새우신 어머니

일곱 색 이어가며
만드신 색동저고리

물들인
다홍색 옷감으로
자락치마
만드셨네.

매미

백 년 묵은 감나무에
떨어질까 꼭 붙잡고

바람아 불지를 마라
떨어지면 어딜 가나

오늘도
응석 부리며
맴맴 애교 부리네.

말타기

가위바위보 이겼다
엉덩이를 꽉 잡아라

휙휙휙 넘어질라
무릎이 아프겠네

해님이
빙그레 웃으니
보슬비가
달래네.

등교 길에서

찰랑찰랑 흐르는
깊고 긴 강천 다리

밀, 보리, 콩 이삭
한 움큼 잘라다가

콩천대
몰래 굽는 맛
등교 시간
늦었네.

대보름 윷놀이

참나무 베어다가
다듬어 윷 만들고

온 가족 다 모여
윷놀이 시작하네

밝은 달
호야 등 걸고
멍석 깔아 던진다.

도, 개, 걸 내가 이겼다
모로구나 허허허

아버지는 걸이다
잔칫상 차려놓고

온 동네
이웃 어른들
모두 모인 웃음꽃.

널뛰기(1)

꼬리치마 댕기 머리
높이 높이 날아라

쿵덕 쿵 쿵덕 쿵
아가리 쫙 벌리고

웃음꽃
담을 넘으니
동백꽃이
웃는다.

널뛰기(2)

꼬리치마 팔랑팔랑
높이 높이 올라라

담 너머 옆집 총각
숨어서 킥킥 웃네

해님이
바라다보고
빙그레 웃고 있다.

언니의 붓질

언니는 붓질하고
나는 벼루 갈다

치마폭에 튀이니
앗차아 저리 비켜라

머리를 숙이려다가
치마폭에 부었네.

화가 난 언니는
동생의 얼굴에다

붓질을 하였는데
고양이 얼굴일세

어허야 둥둥 내사랑
이 꼴이 무어랄까.

눈사람

하얀 천사들이
사뿐사뿐 내려오네

한 뭉치 두 뭉치
뭉치고 모양내고

눈, 코, 입
머리털, 수염
앉은뱅이 아저씨.

시어머니

애야 보리방아
이렇게 찧는 거야

손바닥이 터졌구나
호 불며 우시던 님

언제나
아늑하시고
따뜻했던 시어머님.

가끔은 보고 싶어
산소를 찾습니다

한 아름 꽃을 안고
묘소에 심습니다

어머님
천국에서도
보리방아 찧어요.

광대놀이

수통골 개울가로 포만감 즐기면서
산들바람 불어오니 산까치가 노래하네
풀벌레 피리 소리가
영롱한 이슬 밟네.

낙엽이 휘날리니 걸작품에 안겨주고
날아가는 크낙새 흥겹게 노래하네
발걸음 덩실 더덩실
광대의 춤이로다.

얼큰한 민물 찌개 시원한 동동주에
도포 자락 휘어잡고 담뱃대 입에 물고
얼씨구 휘영청 좋다
춤추며 노래하네.

제4부

함께 가는 길

고통속에서 만난 빛

하늘을 휘장같이
구름으로 치시며
자기 수레를 싣고
빛을 입은 사랑의 주
미친 듯 외치고 싶다
빛을 향하여서

빛을 보는 순간에
어둠도 보았네
쓰리고 아픈 가슴
깊이 움켜쥐니
한 맺힌 핏덩이들이
쏟아져 나오는구나

아! 광야를 벗어나니
광야의 끝이 보이네
휘장이 갈라지니
하늘이 맑고 환해
갈라진 휘장이 벗어나
새것으로 단장하네.

태국땅을 울린 설교

멀고 먼 태국 땅 방콕에서 다섯 시간 거리
안다만*신학교에서 눈물 어린 설교를 했다
눈물 반 간증 반의 설교
나도 울고 신도들도 울었다.

어쩌면 저렇게 순박한 신도들인가
욥의 회개처럼 나의 절박한 회심(回心)이
누군가 벌떡 일어나
손수건을 건넨다.

우상숭배가 강한 나라 스스로를 반성하며
하나님이 주인이 되는 믿음을 강조한 설교
지금도 그 순간순간을
결코 잊을 수 없다.

＊ 안다만신학교:태국 방콕에서 떨어진 빈촌에 있는
　　신학교. 대한예수교 총회신학교 총장 박만배 설립.

함께 가는 길

먼 곳에 계셨는데
눈앞에 계시며

뒤에 계셨는데
내 앞에 계십니다

언제나
혼자 두지 않네요
외롭지 않아 기뻐요.

길을 잃고 헤맬 때
밝은 빛 비춰 주시고

사막길 걸어갈 때
구름으로 덮어 주시네

둘이서
함께 가는 길은
평안해서 좋아요.

하루의 시작
– 고후 6:11~13

새벽이슬 밟으니
기분이 상쾌하네

기지개를 쭉 펴면
온몸이 거뜬하네

오늘은
주님과 동행
기도는 영의 호흡.

외로우면 말씀 읽고
즐거우면 찬양하고

하루를 시작해봐요
좋은 일이 생깁니다

너희도
마음을 열어라
기쁨이 넘치는 날.

지팡이
- 민수기 17:8~10.

마라에 쓴물이
생수로 변하였다

지팡이 기적으로
단물이 되었구나

모세는
말씀에 순종하여
백성을 구해냈네.

사막의 고통 속에
메추라기 고기 먹고

밤에는 불기둥
낮에는 구름 기둥

지팡이
손에 잡고서
이스라엘 구했네.

욥의 인내*

흐르는 개울 물에
사금파리로 긁은 몸

괴로움 이길 수 없어
동료들과 대화하며

그래도
낙심하지 않고
높은 곳 바라보네.

처자식 모두 잃고
재산마저 앗아 갔네

보이지 않는 하나님
내 곁에 계시오니

모든 죄
회개하고서
배가된 축복 받네.

* 욥기 2:8~10

영으로 사세요

이슬이 가시기 전
새벽기도 하셨을까

기도는 영의 호흡
말씀은 영의 양식

맛나게
드십시오, 네
거룩한 이 아침.

천국 갈 준비하며
주님께 칭찬받고

이 땅에 사는 동안
기쁘게 사세요

성화(聖化)를
누리시면서
면류관을 쓰세요.

야곱 집

절대 긍정 절대 감사
맘에 쏙 은혜로다

야곱 집 활짝 열어라
내가 네게 응답하리*

문 열고
네 허물 고백하면
만복이 넘치리라

* 예레미야 33:3

아담 동산

맑고 환한 아담 동산
생명 과일 넘쳐나네

아름다운 친구 하나
꼬임에 빠져들어*

천국을 뒤에 두고서
세상 길 걷는구나.

뒤늦게 깨닫고서
가슴 치며 탄식하니

날 구해줄 십자가에
어린양 피 흘리고

다시는 죄짓지 않고
빛을 보고 따라가네.

* 창세기 3:4~6.

소나기

유난히도 쏟아지는
요란한 빗줄기가

지붕을 때리더니
담장이 빛을 내네

무지개
약속으로써*
세상이 환해졌네.

* 창세기 9:13~14.

무제

구름으로 수레 삼고*
바람을 사신으로

빛으로 옷을 입고
공중에 나타나

에스겔*
골짜기 마른 뼈
군대를 일으키셨네.*

* 시 104편 2절
* 겔 37:4~8절

꺾여진 한 송이 꽃

꺾여진 꽃 한 송이
진액이 만신창이

바람이 살랑살랑
보슬비가 달래주네

찬란한
눈부신 햇살
새 힘을
북돋는다.

깨어라

땀 흘리며 호소하는
만민 백성 구하려

해산(解産)의 고통처럼
들려오는 아픈 기도

깨어라
우뢰와 같은
주님의 거룩한 음성.

그림자

싸늘한 수술대 위에
몸을 얹어 눈 감으니

사그락 사그락
저벅저벅 발자국소리

따스한 입맞춤으로
두 손을 잡아주네.

그때의 입김은
따스한 봄날 같아

스르르 꿈속에서도
만나고 싶구나

그 손이 주님의 손길
온몸이 뜨거웠다.

국화꽃

거리마다 국화꽃
활짝 핀 천만 송이

청명한 하늘 정원
관광객 함성소리

빛나는
눈동자들이
영롱한 이슬 같네.

누구의 솜씨일까?
주님의 작품일세

홀씨들이 날아가네
석양에 깔렸어라

날으는
꽃잎, 꽃잎들
술람미*라 부를까?

* 술람미:성경 아가 6:13 솔로몬 왕이 사랑한 여인

등불

강물이 흐르듯이
세월이 흘러간다

어느덧 팔십 고개
눈앞에 다가섰나

장하다
지나온 발자국
굽이굽이
밝힌 등불.

꽃술과 벌

봄을 기다리는 벌
꽃들은 벌을 품고

벌은 꽃을 품는다
상큼한 향기에 젖어

사랑에
푹 빠져 버린다
햇빛이 가장 밝은 날.

⟨사설시조⟩ 은하수를 누가 만들었나요?

파란 하늘 은하수
누가 만들었나요?

그분은 심술쟁이인가요?
견우와 직녀의 애틋한 사랑을 떼어 놓았어요.
아니 질투했나 봐요. 팔베개도 못하게 강물을
흘려보냈어요.
일 년 열두 달 삼백 육십 오일 내내 갈라 놓고
그리움의 갈증만 태웠어요.
어느 날 까마귀와 까치를 불러 오작교 다릴 놓으셨으니
그것이 왈 사랑이라!
어허 둥둥 내 사랑!
어허 둥둥 내 사랑!
칠월 칠석 견우직녀 첫날밤
감동의 눈물 칠석물이라.

내 등엔 땀이 주르르
은하수가 넘쳐요.

<사설시조> 가화만사성(家和萬事成)

가정이 화목하면
매사가 잘 풀린다.

가정이 화목하면 매사 잘 풀리나니
가정, 사회, 국가로 이어져
나라 튼튼, 경제 튼튼
모두 잘 풀리나니
나라님들 정신 차리고
사리사욕 버리시고
쌈지돈 챙기지 마시고
민초(民草)들 밥그릇 챙기세요
잘못되면 특검받고, 탄핵 되고, 옥에도 갇히나니
정신 똑바로 차리세요.

여봐라!
민생이 배부르면
만사형통할지니.

〈사설시조〉 폭염경보

폭염이 온 지구를
사정없이 강타한다.

7월 초승
연일 40도의 고온이 지구를 강타,
지구촌 곳곳 온열질환자가 속출하고
원전 가동이 중단되었다.
스위스 최고봉 몽블랑 만년설이 녹아내리고
프랑스 에펠탑이 엿가락처럼 휘었단다.
강아지가 혀를 내밀어 할딱이고
종자닭이 누워 버린 채 눈을 감는다.
지구온난화, 찜통더위 가마솥
미래의 징조가 불길하다.
어쩌랴?

오만한
인간이 자초한
자업자득 재앙을.

<격려사>

유선 이옥자

사랑하는 내 동생 명선이가 시를 쓴다니 참으로 기쁩니다. 우리 10남매 중 막내로 태어나 아무도 못 하는 일을 목사가 되고 시인이 된다니 기특하고 대견하고 자랑스럽습니다.

드높은 상아탑을 오르지 못하고 나는 주저앉고 말았는데, 마냥 응석받이 막내인 줄만 알았는데 사회의 일원으로서 자신의 몫을 톡톡히 하는 모습이 칭찬할 만합니다.

여러 선배님, 선생님들 배려로 시집까지 내게 된 것을 진심으로 감사하며 기쁘게 생각합니다. 선배님, 선생님들, 우리 막내 명선 시인을 예쁘게 봐주시고 잘 보살펴 주셔서 너무나도 감사합니다.

사랑하는 내 동생 시가 감동적이었고 감성이 풍부하여 감히 칭찬하고 격려합니다. 더욱 정진하여 이 나라 문학 발전의 동력으로 성장하기를 기원합니다.

2025년 8월 1일

서울 보라매공원에서. 셋째 언니.

〈축사〉

시조집 발간을 축하드리며

박현주

　엄마의 시조집 〈사위가 선물이다〉 발간을 축하드립니다.

　엄마가 젊어서는 세상이 너무도 고달퍼 매일 새벽마다 엄마의 울음 기도로 하루가 시작되었는데, 76세의 지금은 하루하루를 배움과 웃음으로 시작하십니다.

　입버릇처럼 말씀하시던 "인복" 없다는 말 제가 보니 엄마는 "인복"이 참으로 많으신 분이십니다.
　성격이 대쪽이셔서 주변에 사람이 없어서 많이 외로우셨을 텐데, 절대로 세상과 타협하지 않으셔서 그러신지 하나님께서 알맹이가 꽉 찬 사람으로만 엄마 곁에 두시는 것 같습니다.

　젊어서는 우리들과 먹고 사시느라 바쁘셨고, 중년에는 영혼 구원하시느라 또 바쁘셨고, 노년에 와서야 비로소 자신을 위해 글을 쓰며 바쁘게 사시니 참으로 보기 좋고, 부럽습니다.

 엄마의 세 번째 책,
 시조집은 인생의 가장 행복한 순간을 노래하셨으면 좋겠습니다.
 가족에 대한 엄마의 철학이 담긴 시조집 출간을 진심으로 축하드립니다.

 끝으로 사남매 현주, 현옥, 제명, 현의 이름으로 뜻을 모아 축하하오며 하나님의 은총이 늘 함께하시기를 기원드립니다.

엄마의 큰딸 현주 올림.

<후기>

시조집을 발간하면서

石松 이명선

 올여름처럼 무덥고 사나웠던 폭우가 또 있었을까?
 섭씨 40도를 오르내리고 시간당 100미리 이상의 폭우를 쏟아 홍수 피해를 입힌 상처가 참으로 안타깝기만 하다.

 그럼에도 시조를 쓰고 다듬고 80편의 작품을 묶어, 한 권의 시조집 <사위가 선물이다>를 간행하게 되었음을 기뻐하지 않을 수 없다.

 나와 시조의 만남은 지난해 여름 목요 문학회에서 주관한 시조 창작 특강에서 이도현 시인님의 시조 작법 강의를 듣고 시작된다. 중학교 시절 국어 시간에 배운 옛시조를 회상하면서 이번 강의가 너욱 새롭게 받아 들여졌다.

 시조가 천년을 이어오는 우리 전통시 이기에 조상의 얼과 혼이 담긴 우리 가락이요 겨레시임을 새삼 깨닫고 더욱 소중한 유산임을 알게 되었다.

  어린 시절 아버지께선 시조창을 좋아하셔서 당산나무 아래 돗자리를 깔고 창을 읊으셨다. 황진이 시조, 이순신 장군의 시조를 읊으셨다. 나는 아버지의 시조 사랑의 끼를 닮았는지 모른다. 아버지의 시조 창법을 지금까지 기억하고 있기 때문이다.

  지난 4월에는 시인 몇 분과 함께 윤선도의 낙원 보길도를 찾았다. 해남 땅끝마을에서 뱃길 40분 거리, 고산 윤선도 문학관을 찾아 선생의 유물, 유적들을 견학하고, 바위에 새긴 연시조 '어부사시사'를 읽으면서 눈시울이 뜨거웠다. 시조의 대가 윤선도 선생을 만나 그의 대표작을 감상했으니 얼마나 행복한가?

  일 년 가까이 선생님 문하에서 시조 공부를 하면서 이제는 조금은 알 듯싶다. 더욱 연마하여 좋은 작품을 쓰고자 다짐한다. 지금까지 친절하게 지도해 주시고 시조의 길로 인도하신 이도현 선생님께 감사를 드린다.

  그동안 시집 두 권을 출판해 주시고 이번에 시조집까지 간행하시느라 수고하신 목요 문학 양건상 회장님과 현수지 편집장님께 또한 감사를 드린다.

특별히 이번 시조집 발간에 표지 그림을 그리시고 격려해 주신 유선 이옥자 언니께 감사를 드리며 우리 가족 모두에게도 고마움을 전한다.

2025년 8월

계룡 대실에서 이명선

사위가 선물이다

초판 1쇄 인쇄 2025년 8월 20일
초판 1쇄 발행 2025년 8월 25일

지은이 : 이명선
편집자 : 현수지
펴낸곳 : 상지출판사
주　소 : 대전광역시 유성구 복용로12
전　화 : (042) 226-3114
팩　스 : (042) 638-1415
E-mail : gack0191@daum.net
등록번호: 제2020-000029호

ISBN 979-11-92850-24-5
값 15,000원

본 서적은 **한국예술인복지재단**에서 전액 지원받은 금액으로 펴낸 책입니다.
이 출판물은 저작권법에 의해 보호를 받는 저작물이므로 무단 복제
할 수 없습니다.
잘못된 책은 구입처에서 교환하여 드립니다.